DA ESCOLA PARA O MUNDO

Ensino Fundamental · Anos iniciais

5º ANO

PROJETOS INTEGRADORES

Componentes curriculares:
Arte, Ciências, Geografia,
Língua Portuguesa e Matemática

Laís Oliveira

Licenciada em Pedagogia pela Universidade Estadual de Campinas (Unicamp-SP)

Orientadora de Ensino Fundamental da rede particular de ensino de São Paulo

Maria Clara Galvão

Licenciada em Pedagogia pela Universidade Presbiteriana Mackenzie (Mack-SP)

Especialista em Educação Especial pela Universidade de Franca (Unifran-SP)

Professora de Ensino Fundamental da rede particular de ensino de São Paulo

São Paulo, 1ª edição, 2017.

editora ática

editora ática

Direção geral: Guilherme Luz
Direção editorial: Luiz Tonolli e Renata Mascarenhas
Gestão de projeto editorial: Tatiany Telles Renó e Heloisa Pimentel
Edição: EPN Editoria e Projetos S/S Ltda.
Gerência de produção editorial: Ricardo de Gan Braga
Planejamento e controle de produção: Paula Godo, Roseli Said e Marcos Toledo
Revisão: Hélia de Jesus Gonsaga (ger.), Kátia Scaff Marques (coord.), Rosângela Muricy (coord.), Ana Paula C. Malfa, Arali Gomes, Brenda T. M. Morais, Célia Carvalho, Flavia S. Vênezio, Gabriela M. Andrade, Hires Heglan, Larissa Vasquez, Patricia Cordeiro
Arte: Daniela Amaral (ger.), Narjara Lara (coord.), Nathalia Laia (edição de arte)
Diagramação: Essencial design
Iconografia: Sílvio Kligin (ger.), Denise Durand Kremer (coord.) e Thiago Fontana (pesquisa iconográfica)
Licenciamento de conteúdos de terceiros: Cristina Akisino (coord.), Luciana Sposito (licenciamento de textos), Erika Ramires e Claudia Rodrigues (analistas adm.)
Tratamento de imagem: Cesar Wolf e Fernanda Crevin
Ilustrações: Giz de Cera
Design: Gláucia Correa Koller (ger.) e Estúdio Dito e Feito (proj. gráfico e capa)

Avenida das Nações Unidas, 7221, 3º andar, Setor A
Pinheiros – São Paulo – SP – CEP 05425-902
Tel.: 4003-3061
www.atica.com.br / editora@atica.com.br

Dados Internacionais de Catalogação na Publicação (CIP)
(Câmara Brasileira do Livro, SP, Brasil)

Oliveira, Laís
Da escola para o mundo : projetos integradores 5º ano / Laís Oliveira, Maria Clara Galvão. -- 1. ed. -- São Paulo : Ática, 2018.

Suplementado pelo manual do professor.
Bibliografia.
ISBN 978-85-08-19037-9 (aluno)
ISBN 978-85-08-19038-6 (professor)

1. Educação (Ensino fundamental) I. Galvão, Maria Clara. II. Título.

18-16564 CDD-372

Índices para catálogo sistemático:

1. Ensino fundamental : Anos Iniciais 372
Maria Alice Ferreira – Bibliotecária – CRB – 8/7964

2022
Código da obra CL 741516
CAE 627960 (AL) / 627961 (PR)
1ª edição
3ª impressão

Impressão e acabamento Gráfica Elyon

Apresentação

Este é um livro diferente. É um livro de projetos. Foi feito para você e seus colegas fazerem descobertas, investigarem e participarem do início ao final dele, acompanhando os desafios que lhes serão apresentados.

Há momentos para pensar, entender, interpretar, planejar e reunir novos conhecimentos!

Também há momentos para trocar ideias, ouvir opiniões diferentes e criar soluções que sirvam para você e sua comunidade.

O resultado será uma construção coletiva, para ser partilhada, divulgada e colocada em prática.

Vamos começar?

As autoras

Ilustrações deste livro: Estúdio Dito e Feito/Arquivo da editora

Conheça seu livro

Este livro reúne quatro projetos sobre o tema resíduos sólidos. Ele começa assim:

Sumário

Roda de conversa

SUMÁRIO

Aqui você encontra o projeto que procura e a página em que ele está. Vamos usá-lo?

RODA DE CONVERSA

Explica os quatro projetos e por que é legal todos participarem.

Projeto 1 Como produzimos lixo?

ABERTURA DO PROJETO

Traz o título do projeto, alguns desafios e uma ou mais imagens para ajudar você a pensar.

Introdução ao projeto 1

INTRODUÇÃO AO PROJETO

Aqui você descobre o produto que a turma vai criar. Lembre-se de preencher a ficha, pois ela será seu controle de tempo para a realização das tarefas.

Momento 3

MOMENTOS

Cada projeto possui quatro etapas (momentos) com atividades que vão ajudá-lo a elaborar o produto final no Momento 4.

Atividade 6

PRODUTO FINAL

É aqui que você fará o registro da sua produção final. Legal, não é mesmo?

ÍCONES

São figuras que aparecem ao lado das atividades indicando o que é preciso fazer. Quando tiver dúvida, confira aqui.

- TRABALHO INDIVIDUAL
- TRABALHO EM DUPLA
- TRABALHO EM GRUPO
- PARA CONVERSAR
- REGISTRO COLETIVO
- PARA PENSAR
- FAÇA NO CADERNO
- RODA DE LEITURA
- AVISOS

Sumário

Rubens Chaves/Pulsar Imagens

Delfim Martins/Pulsar Imagens

Fernando Favoretto/Criar Imagem

Eduardo Srur/Foto: Patrícia Santos/Estadão Conteúdo

Roda de conversa

Quais são os projetos deste volume?

Você conhece algum jogo em que, para chegar ao final, você precisa vencer muitos desafios e passar de fase?

Então, este livro é parecido com esses jogos. São quatro projetos que correspondem a quatro fases cheias de atividades interessantes. Cada uma das fases termina com um produto final feito por todos os alunos. Em todos esses projetos, a ideia é compartilhar o que foi aprendido com muito mais gente do que somente os colegas da turma.

O desafio durante o ano é:

- no **projeto 1**, vocês vão organizar uma exposição oral sobre um assunto importante para o meio ambiente e a manutenção da vida no planeta Terra: a produção de resíduos sólidos;
- no **projeto 2**, o desafio de vocês será conhecer formas de tratar esses resíduos e apresentar uma campanha sobre as descobertas;
- no **projeto 3**, vocês vão colocar mãos à obra para produzir uma compostagem orgânica;
- no **projeto 4**, vocês farão uma intervenção artística na escola, como uma forma de chamar a atenção das pessoas para o impacto causado pela geração e o acúmulo de resíduos.

Qual é o tema principal desses projetos?

Neste livro, você terá a oportunidade de conhecer diversos aspectos sobre a produção de **resíduos sólidos**. Vamos descobrir do que são compostos esses resíduos, como eles ocorrem nas diferentes regiões brasileiras, como são coletados, e também aprender como tratar esses materiais. Mas o que são resíduos sólidos? Antes de continuar, leiam a definição:

- A palavra resíduo significa "resto". **Resíduos sólidos** é o conjunto de materiais que costumamos chamar popularmente de lixo. São os produtos sólidos descartados pela ação humana e não humana (exemplos: materiais descartados pelas indústrias, folhas que caem de uma árvore e que podem entupir um bueiro).
- A palavra "lixo" pode dar a entender que um material não tem valor ou utilidade, e é por isso que muitos preferem usar o termo "resíduos sólidos", afinal, nem tudo que é descartado é sem valor ou não pode ser utilizado novamente em outras situações.
- Ao longo deste livro, esses dois termos serão usados para se referir aos materiais descartados.

Por que estudar esse tema?

Você pode estar se perguntando: "Por que estudar sobre resíduos sólidos?"

É só pensar no seu dia a dia para perceber quanto lixo produzimos. Ao acordar, lavamos o rosto e escovamos os dentes. No café da manhã, podemos tomar leite e comer pão e frutas, por exemplo. É comum usarmos diversos produtos, como sabonete, pasta de dente, leite, manteiga e outros que são armazenados em embalagens plásticas. Depois do nosso consumo, essas embalagens vão para o lixo.

Quando descartamos o lixo, ele se junta ao lixo produzido por outras pessoas, gerando milhares de toneladas de resíduos que são lançados na natureza diariamente! Neste ano, nossos desafios são pensar formas de diminuir a produção de resíduos sólidos e de como tratá-los. O que fazer com todos os resíduos produzidos?

Todos temos um papel importante nesta jornada como cidadãos, porque essa questão afeta a vida no Brasil hoje e no futuro! Ao longo deste ano você vai conhecer mais sobre esses temas e compartilhar propostas com seus colegas e todos aqueles que frequentam a escola.

As etapas de um projeto

Aprender por projetos tem muitas vantagens, e logo você vai perceber. Sabe por quê? Principalmente por estes motivos:

- Planejar e estabelecer datas para a realização de cada etapa;
- Reunir todos os resultados obtidos em cada um dos momentos do projeto, para uma discussão e uma conclusão coletiva;
- Preparar-se para a apresentação de um produto final que envolva todos os alunos e também seja divulgado às pessoas da comunidade escolar;
- Preparar um registro final coletivo a fim de que todos reúnam as conclusões finais do projeto.

Boas descobertas!

Estúdio Dito e Feito/Arquivo da editora

Projeto 1

Como produzimos lixo?

- Se cada pessoa no planeta, em um dia, jogar uma embalagem plástica e uma casca de fruta no lixo, o que acontece?
- E você sabe para onde vai esse lixo?

Rubens Chaves/Pulsar Imagens

Resíduos plásticos em depósito de lixo. Pão de Açúcar (AL), 2015.

Introdução ao projeto 1

A produção de **resíduos**, aquilo que comumente chamamos de **lixo**, é um assunto muito importante quando pensamos na preservação do meio ambiente. Por isso, vale a pena um projeto especialmente com esse tema!

Ao darmos um passeio pela escola, pelo bairro ou outros lugares, podemos observar grandes quantidades de resíduos sólidos. O que é possível fazer para melhorar isso?

O objetivo deste projeto é analisar e refletir sobre a produção de resíduos sólidos, não só em casa ou na escola, mas em todo o Brasil.

Ao final do projeto, a sua tarefa será preparar com seus colegas uma **exposição oral** sobre as descobertas que vocês fizeram, de modo a ampliar a reflexão sobre esse tema tão importante.

Para a realização do produto final, vocês vão realizar várias atividades:

- análise de imagens;
- construção de glossário;
- localização de informações em textos;
- seleção de informações;
- escrita de texto expositivo-informativo;
- leitura, classificação, interpretação e representação de dados em tabelas e gráficos;
- organização e realização da exposição oral.

Além do material escolar comum, vocês vão precisar de dicionário e material para produzir, por exemplo, cartazes ou *slides* para a exposição. Combinem entre vocês para quem será feita a exposição final: funcionários da escola, professores, alunos de outra turma, pais ou responsáveis, pessoas que vivem ou trabalham no bairro em que se localiza a escola? Com a ajuda do professor, definam o público, os prazos e mãos à obra!

Alexandre Beck/Acervo do ilustrador

Fonte: Diário Catarinense, edição de 17 set. 2016.

projeto iniciado em:

_____/_____/__________

projeto encerrado em:

_____/_____/__________

Momento 1

Observe as situações apresentadas nas fotografias desta página e da página seguinte e converse com seus colegas sobre as questões da página 12.

Quais locais foram fotografados? De que forma os resíduos sólidos foram descartados em cada um deles? Foram descartados nos locais adequados? Quem poderia tê-los descartado?

Em qual dessas situações os resíduos podem ser foco de transmissão de doenças? Por quê?

Celio Coscia/Fotoarena

Lixo no chão de escola em Carapicuíba (SP), 2014.

Luciana Whitaker/Pulsar Imagens

Lixo despejado na rua, fora da lixeira, em Belém (PA), 2017.

Rubens Chaves/Pulsar Imagens

Lixo descartado no gramado de uma praça em Salvador (BA), 2016.

Cesar Diniz/Pulsar Imagens

Lixo amontoado na praia da Costa Azul, em Rio das Ostras (RJ), 2016.

João Carlos Mazella/Fotoarena

Lixo acumulado na margem do Canal do Arruda, em Recife (PE), 2013.

Atividade 1

Com base na análise das imagens que você acabou de observar, responda às questões a seguir.

a) A produção de resíduos é um problema? Por quê?

b) Você já se deparou com alguma situação parecida onde você mora? Comente.

c) Agora chegou o momento de compartilhar o que cada um de vocês respondeu! Depois da conversa, registre abaixo as principais ideias que surgiram.

Atividade 2

Vamos construir um glossário para este projeto. Você pode voltar a ele várias vezes para consultá-lo ou revisá-lo.

Glossário
Lista de palavras ou termos pouco conhecidos.

a) Quais são as diferenças de significado entre as palavras abaixo? Registre o que vocês descobrirem.

Organizem-se em grupos. Cada grupo será responsável pela pesquisa do significado de uma dessas palavras. A pesquisa pode ser feita na internet, em livros e dicionários.

- Lixo: ______
- Resíduos sólidos: ______
- Rejeitos: ______
- Materiais recicláveis: ______

b) Agora compartilhem com os demais colegas o que seu grupo descobriu durante a pesquisa. Depois de conversarem, revisem e completem suas anotações.

Momento 2

Neste momento, você vai conhecer uma pesquisa divulgada em 2016 sobre a produção de **resíduos sólidos** urbanos. A pesquisa foi feita nas cinco regiões do Brasil: Norte, Nordeste, Centro-Oeste, Sudeste e Sul.

Urbano
Que se refere à cidade.

Atividade 1

Com seus colegas, analise as informações do mapa e da tabela a seguir.

Brasil: quantidade diária de lixo produzida por habitante em cada região (2016)

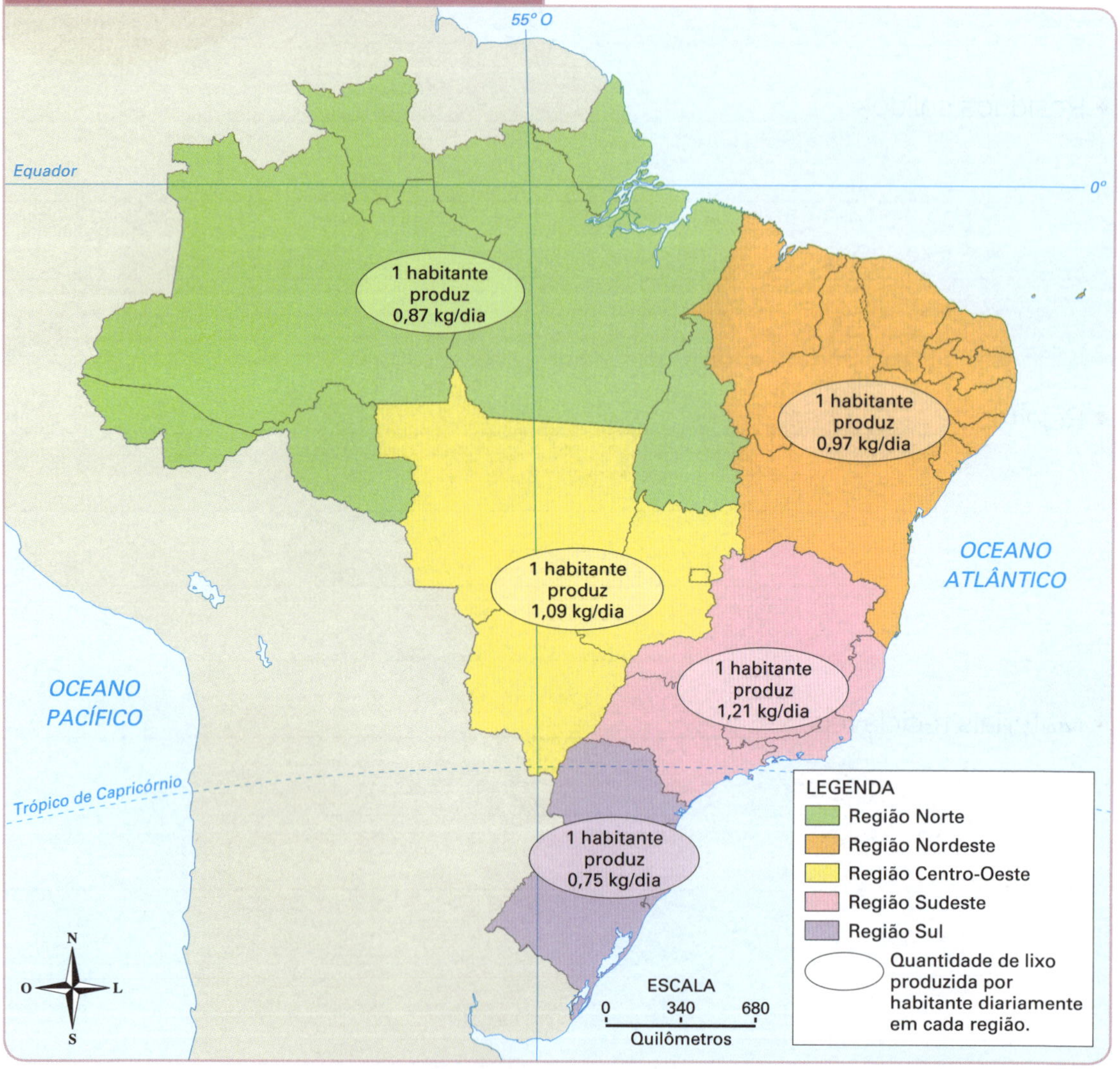

Mapa elaborado em 2017 com base em dados de: ABRELPE (Associação Brasileira de Empresas de Limpeza Pública e Resíduos Especiais). **Panorama de Resíduos Sólidos no Brasil** (2016). p. 20. Disponível em: <www.abrelpe.org.br/Panorama/panorama2016.pdf>. Acesso em: 22 nov. 2017.

Pessoas empregadas na limpeza urbana por região no Brasil	
Região	**Número de trabalhadores empregados**
Norte	24 929
Nordeste	93 854
Centro-Oeste	29 208
Sudeste	146 376
Sul	41 302
Total	**335 669**

ABRELPE (Associação Brasileira de Empresas de Limpeza Pública e Resíduos Especiais). **Panorama de Resíduos Sólidos no Brasil** (2016). p. 20. Disponível em: <www.abrelpe.org.br/Panorama/panorama2016.pdf>. Acesso em: 22 nov. 2017.

a Leiam o título do mapa. O que ele informa?

b Observem a legenda do mapa e verifiquem:

- Qual é a região que produz mais lixo diariamente por habitante?

- Qual é a região que produz menos lixo diariamente por habitante?

c Leiam o título da tabela. O que ele informa?

d Qual das regiões emprega o maior número de trabalhadores na limpeza urbana?

e E qual é a que menos emprega trabalhadores nesse setor?

f Agora localizem a região onde vocês vivem.

- Ela ocupa qual colocação entre as cinco regiões brasileiras em relação à produção diária de lixo?

____

- E quantos trabalhadores estão empregados na limpeza urbana na região em que vocês moram?

____

Atividade 2

Registre as informações em listas.

a Faça uma lista decrescente da produção diária de lixo por habitante nas regiões brasileiras.

____

____

____

____

____

____

b Faça uma lista da quantidade de pessoas que trabalham no serviço de limpeza urbana. Inicie com a região onde há mais pessoas e termine com a região em que há menos (ordem decrescente):

____

____

____

____

____

____

c As regiões ocupam posições parecidas nas duas listas? Complete o quadro, compare e responda.

Posição	Lista 1 (lixo produzido diariamente por habitante)	Lista 2 (trabalhadores empregados na limpeza urbana)
1ª		
2ª		
3ª		
4ª		
5ª		

d Compartilhe com seus colegas o registro das questões anteriores e compare todas as respostas dadas. Se necessário, complete seus registros.

Você sabia que...

A **coleta seletiva** consiste em selecionar os resíduos sólidos, separando-os de acordo com seu destino final. Diferentes materiais podem ser reaproveitados de maneiras diferentes. Para garantir que cada tipo de lixo tenha o destino correto, é preciso separar cada um deles por categoria.

Para realizar a coleta seletiva é preciso ter uma lixeira disponível para cada material. As lixeiras devem ser identificadas pelas seguintes cores:

Ilustrações: Giz de Cera/Sidney Meireles

Atividade 3

Agora que você já sabe mais sobre o que é coleta seletiva, observe os gráficos abaixo e responda às questões da página seguinte.

GRÁFICO 1

Gráficos: Banco de imagens/Arquivo da editora

Brasil: municípios com coleta seletiva por ano (1994-2016)

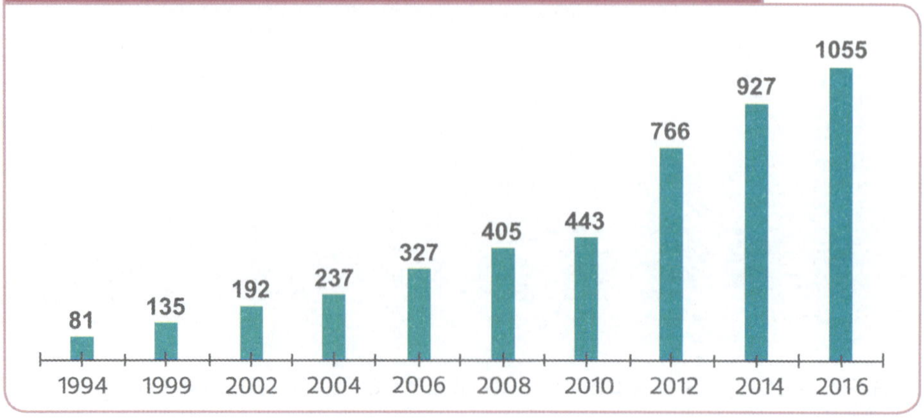

CEMPRE (Compromisso Empresarial para a Reciclagem). **Ciclosoft 2016** – Radiografando a coleta seletiva no Brasil. Disponível em: <http://cempre.org.br/ciclosoft/id/8>. Acesso em: 22 nov. 2017.

GRÁFICO 2

Brasil: porcentagem de municípios sem coleta seletiva (2016)

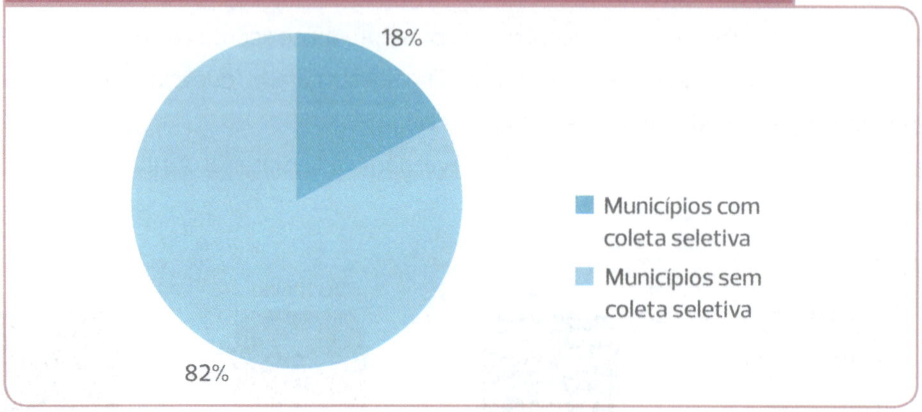

CEMPRE (Compromisso Empresarial para a Reciclagem). **Ciclosoft 2016** – Radiografando a coleta seletiva no Brasil. Disponível em: <http://cempre.org.br/ciclosoft/id/8>. Acesso em: 22 nov. 2017.

GRÁFICO 3

Brasil: número de municípios com coleta seletiva por região (2016)

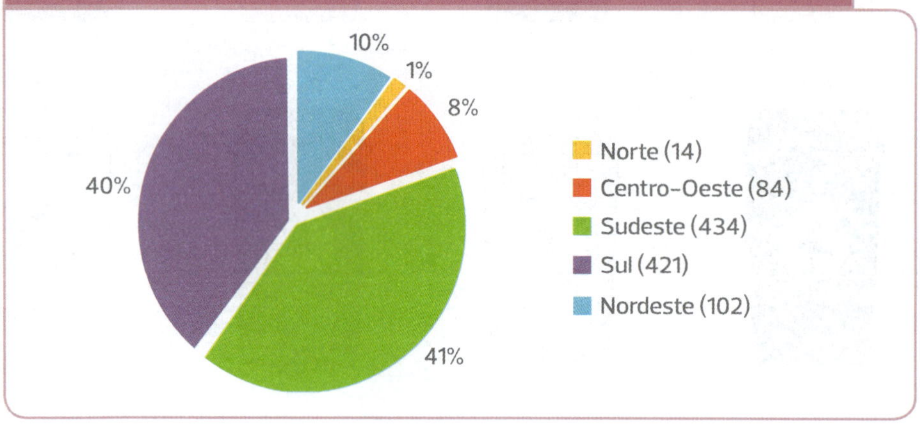

CEMPRE (Compromisso Empresarial para a Reciclagem). **Ciclosoft 2016** – Radiografando a coleta seletiva no Brasil. Disponível em: <http://cempre.org.br/ciclosoft/id/8>. Acesso em: 22 nov. 2017.

a Observem o gráfico 1. Qual foi o ano com o maior número de municípios com coleta seletiva? Como chegaram a essa conclusão?

____

____

____

b Observem os gráficos 2 e 3.

- Qual é a porcentagem dos municípios brasileiros que têm coleta seletiva?

____

- Em qual região está a maior parte desses municípios?

____

- Qual é o percentual que os municípios dessa região representam no total?

____

____

- Qual é a porcentagem de coleta seletiva da região em que vocês moram?

____

____

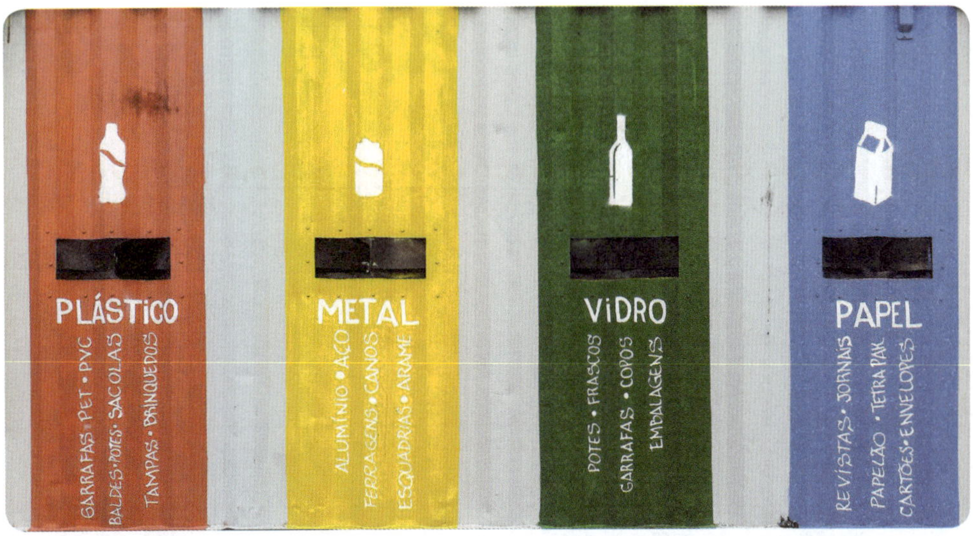

Ismar Ingber/Pulsar Imagens

Ponto de coleta de lixo reciclável em contêiner reutilizado, Rio de Janeiro (RJ), 2016.

Momento 3

Até agora, vimos que a produção dos resíduos sólidos no Brasil traz diversas consequências. Vamos organizar essas informações e ler mais sobre o assunto?

Atividade 1

Preencham a ficha resumindo os assuntos mais importantes que vocês aprenderam até agora:

Principais informações sobre resíduos sólidos no Brasil

Resíduos sólidos são..

____

____

____

A produção de resíduos pode ser um problema porque...

____

____

____

A coleta seletiva ajuda a resolver esse problema porque...

____

____

____

____

Atividade 2

Leia a seguir um texto que trata de uma pesquisa sobre a **produção de lixo** no Brasil, feita em 2013 pela Associação Brasileira de Empresas de Limpeza Pública e Resíduos Especiais (Abrelpe).

Por que a questão do lixo no Brasil está se tornando um desafio assustador?

Quando se trata de produzir lixo, nós, brasileiros, estamos a todo vapor, graças à melhoria da qualidade de vida no país. Em 2013, geramos mais de 76 milhões de toneladas de resíduos sólidos nas cidades. Esse montante representa um acréscimo de 4,1% em relação a 2012. Ou 3 milhões de dejetos a mais. É um índice muito maior do que o de anos anteriores, embora muito pouco tenha sido feito para recolher e dar uma destinação adequada a todo esse lixo.

Essas conclusões foram divulgadas no início de agosto pela Associação Brasileira de Empresas de Limpeza Pública e Resíduos Especiais (Abrelpe) durante a apresentação do seu Panorama dos Resíduos Sólidos no Brasil de 2013.

O relatório aponta o Brasil como o quinto maior produtor de lixo do planeta. Só perde para a União Europeia, Estados Unidos, China e Japão. E confirma que – mesmo diante de tamanha quantidade de rejeitos – ainda estamos muito distantes de cumprir à risca as metas da Política Nacional de Resíduos Sólidos (PNRS), em vigor desde 2010. Lei que, aliás, previa o fim dos fedidos e contaminados lixões a céu aberto em todas as cidades brasileiras para o dia 2 de agosto passado. Não aconteceu.

A região Sudeste é a que mais produz lixo, com cerca de 50% de tudo o que é coletado no país. Assusta saber que na mais desenvolvida região do país 10% de todo o resíduo gerado não é coletado. Quantitativamente, cerca de 20 mil toneladas diárias de lixo não são recolhidas e vão parar nas ruas, córregos e rios. Não é à toa que a região vive situações de enchentes mesmo com chuvas fracas.

Para a Abrelpe, esse é exatamente o ponto fraco da gestão de resíduos sólidos no Brasil: a coleta e destinação final do lixo que produzimos. Ainda de acordo com o documento da Abrelpe, em todo o país apenas 58,3% dos resíduos sólidos urbanos que são recolhidos têm destino adequado.

Os outros 41,7% coletados – quase 30 milhões de toneladas por ano – vão parar nos lixões e em aterros com riscos de impacto ambiental semelhantes aos dos lixões. São mais de 3 300 cidades – de um total de 5 570 em todo o país – que ainda depositam o lixo em lugares impróprios. Desse total 1 569 municípios jogam tudo em grandes buracos a céu aberto sem qualquer tipo de tratamento.

O Nordeste é o caso mais gritante de descaso com o lixo. Quase 840 cidades ainda alimentam lixões. O Norte vem a seguir com 247 cidades com lixões, seguido do Sudeste (206) e o Centro-Oeste (158). O Sul tem 121 cidades com lixões a céu aberto.

[...]

Separação de resíduos e coleta seletiva para a reciclagem no Brasil também é lenda. Não houve avanços, de acordo com a Abrelpe. Cerca de 60% das cidades esboçaram alguma tímida iniciativa nesse sentido. [...]

Por que a questão do lixo no Brasil está se tornando um desafio assustador?, de Afonso Capelas Jr., publicado em 14 de agosto de 2014. Disponível em: <www.diariodocentrodomundo.com.br/por-que-a-questao-do-lixo-no-brasil-esta-se-tornando-um-desafio-assustador/>. Acesso em: 26 out. 2017.

bergamont/Shutterstock

a Depois da leitura, responda: Em relação a outras partes do mundo, o Brasil produz muito ou pouco lixo?

b Complete os gráficos a seguir com as informações do texto.

- Cada coluna do gráfico deve representar uma região do Brasil. A altura de cada uma delas indicará o número de cidades brasileiras que ainda descartam o lixo em lixões. Escreva o número de cidades no topo de cada coluna e depois identifique a região brasileira que ela representa, pintando cada uma delas de uma cor. Dê um título ao gráfico.

Título do gráfico: ______________________________

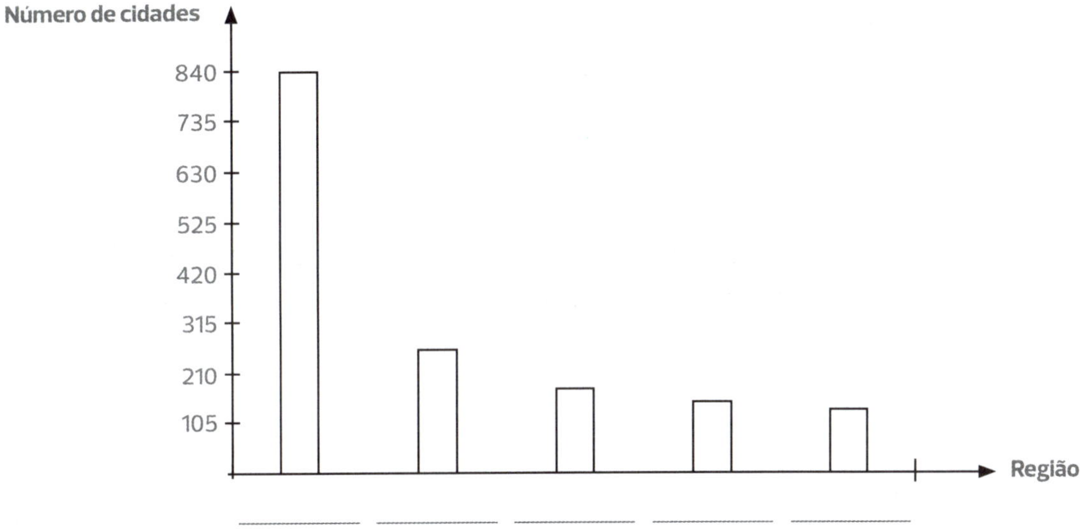

Elaborado pelo aluno com base nos dados disponíveis em: <www.diariodocentrodomundo.com.br/por-que-a-questao-do-lixo-no-brasil-esta-se-tornando-um-desafio-assustador/>. Acesso em: 26 out. 2017.

c **Pinte o gráfico abaixo, escreva a porcentagem de acordo com as informações do texto e crie uma legenda.**

- Pinte de verde a parte do gráfico que corresponde aos resíduos sólidos urbanos que são recolhidos de forma adequada.
- Pinte de vermelho a parte do gráfico que corresponde aos resíduos sólidos urbanos levados para lixões.

Gestão de resíduos sólidos no Brasil

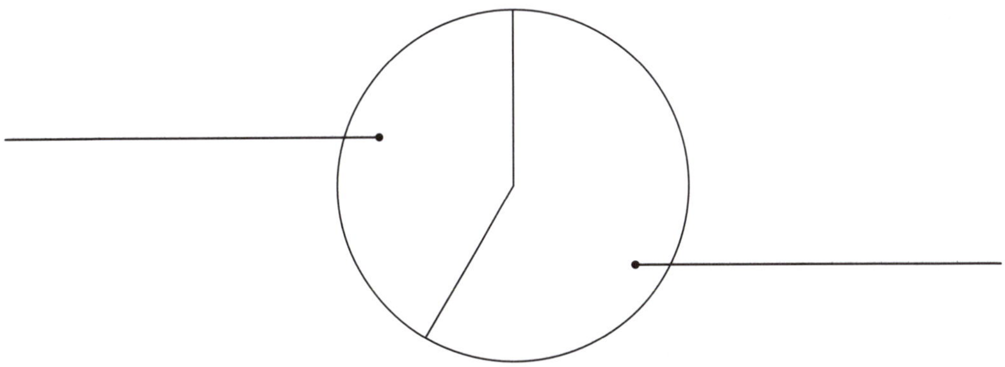

Elaborado pelo aluno com base nos dados disponíveis em: <www.diariodocentrodomundo.com.br/por-que-a-questao-do-lixo-no-brasil-esta-se-tornando-um-desafio-assustador/>. Acesso em: 26 out. 2017.

Momento 4

Neste momento, você e seu grupo vão se preparar para fazer uma exposição oral sobre a produção de lixo no Brasil e os problemas que o descarte e o destino inadequados podem causar.

Exposição oral
Espécie de aula em que alguém compartilha seu conhecimento sobre um assunto com outras pessoas.

Atividade 1

No início do projeto vocês já definiram o público. Agora, é preciso confirmar esse público e decidir que materiais serão necessários para auxiliá-los na exposição. Vocês podem usar, por exemplo, cartazes ou algum recurso digital.

a) Vamos registrar o que ficou acertado até agora?

- Público-alvo:

____

____

- Recursos que serão utilizados:

____

____

b) O que deve fazer parte de uma exposição oral? O que mais é preciso considerar para preparar esse trabalho? Registrem as principais ideias.

____

____

____

____

____

____

Atividade 2

Você assistirá a uma exposição oral e deverá fazer anotações sobre os seguintes aspectos.

a) Como as informações são organizadas?

b) Como o apresentador se porta diante do público?

c) Quais recursos o apresentador utiliza?

Logo após assistirem à exposição, haverá uma discussão coletiva. Revisem suas anotações e registrem o que vocês consideram importante sobre os comentários dos seus colegas. Assim, vocês terão um relatório completo de como deve ser uma exposição oral.

Atividade 3

Chegou o momento de detalhar o planejamento da exposição. Preencham os dados a seguir para isso:

a) Definam quem serão os participantes do grupo.

____

____

b) Converse com seu grupo e planejem a exposição oral.

- Qual será o título?

____

____

- Listem os assuntos que pretendem abordar ao longo da exposição e como isso será organizado em etapas, ou seja, façam o plano da exposição. Para isso, consultem os materiais produzidos e analisados até aqui, principalmente a ficha produzida na página 20.

____

____

c Produzam uma lista, como a do modelo, que contenha os itens que não podem ser esquecidos e que funcione como apoio à exposição, indicando:

- etapas da exposição;
- ideias centrais de cada etapa para servir de apoio à memória;
- indicação dos alunos do grupo que falarão em cada parte.

	Plano de exposição		
	Tópicos	Material necessário	Quem vai apresentar
Introdução			
Desenvolvimento			
Conclusão			

Atividade 4

É hora de preparar a exposição!

a Como vocês vão organizar a exposição oral? Em cartazes ou *slides*? Descrevam em tópicos quantos cartazes/*slides* pretendem usar e como vão distribuir os assuntos listados acima em cada um deles. Para isso, retomem o plano da exposição na atividade 3.

b Observe dois *slides* que foram usados em uma exposição oral sobre os ursos polares:

SLIDE 1

Os ursos polares

- Habitam em regiões do círculo polar Ártico na costa setentrional da América e da Eurásia. Essas regiões compreendem países como a Groenlândia e a Rússia.
- Organizam-se em grupos de cerca de quatro animais.
- São carnívoros e alimentam-se principalmente de peixes (como salmão e bacalhau) e mamíferos de pequeno porte (como filhotes de leões-marinhos).
- Estão bem adaptados para viver em regiões geladas, pois possuem uma camada de gordura e espessa pelagem.

Vaclav Sebek/Shutterstock

SLIDE 2

c Sobre as semelhanças e as diferenças entre os *slides* 1 e 2, converse com seus colegas e responda:

- O fato de o *slide* 2 exibir menor quantidade de texto que o *slide* 1 significa que essas informações não foram ditas durante a exposição oral?
- Para que serve um cartaz ou *slide* na exposição oral?
- E as imagens? Como elas podem ajudar na exposição?

d Com a ajuda de seu professor, anote no caderno o resumo da discussão por meio de uma lista de pontos principais:

- Como devo organizar um bom cartaz ou *slide*?
- Quais textos e imagens gostaria de usar no meu cartaz ou *slide*?
- Fontes onde posso consultar esses textos e essas imagens.

Atividade 5

Após toda a discussão, produzam o material da exposição.

Atividade 6

Antes da exposição, que tal um último ensaio?

- O professor vai ajudar na organização dessa preparação. A novidade é que você e seus colegas avaliarão um ao outro para contribuir com comentários sobre os pontos fortes e fracos das apresentações.

a) Para acompanhar o ensaio, use fichas conforme os modelos abaixo. Elas servem para ajudar a identificar os pontos em que as apresentações estão boas e aqueles em que precisam melhorar. Seu professor indicará qual grupo vai ser avaliado por você.

Avaliação do cartaz/*slide*	Sim	Mais ou menos	Não
As informações estão escritas de forma clara?			
Há muito texto em cada um dos cartazes?			
O tamanho e a cor da letra ajudam a leitura?			
As palavras e imagens estão adequadas ao público escolhido?			

Avaliação da exposição do grupo	Sim	Mais ou menos	Não
O grupo expôs sem ficar lendo o que estava no cartaz?			
Os participantes deram mais informações do que as que estavam no cartaz?			
Os participantes falaram com voz alta e ritmo adequado?			
Os participantes do grupo demonstraram saber bem o conteúdo que estavam falando?			
Os participantes do grupo interagiram com o público: olharam para o público, lançaram perguntas, ouviram as questões que surgiram?			

b Após a avaliação dos colegas, revise os aspectos que julgar necessários e... Boa exposição!

Durante o projeto 1...

Minha participação foi:
Tive dificuldade em:
Achei interessante:
Mudei algumas atitudes minhas em relação a:
Achei trabalhar em grupo:
Mudaria na minha participação no próximo projeto:

O que aprendi sobre...

Como produzimos lixo?

Projeto 2

Resíduos: para onde vão?

- As embalagens de comida, as garrafas PET, as cascas de frutas: mal são utilizadas e já são descartadas, jogadas fora. E depois, o que acontece com elas?
- Como esses resíduos são tratados no Brasil?

Nilton Cardin/Futura Press

Processo de separação do lixo para reciclagem em cooperativa em Jacareí (SP), 2015.

Introdução ao projeto 2

Pronto para um novo desafio?

No projeto anterior você descobriu mais a respeito dos tipos de resíduo sólido, estudou sobre a quantidade e os problemas que os resíduos produzidos em diferentes municípios brasileiros geram e, ao final, expôs oralmente os resultados de suas descobertas.

Mas para onde vai todo resíduo sólido que produzimos? Agora vamos conhecer um pouco mais sobre os diferentes destinos desses resíduos.

Tudo que você pesquisará pode fazer muita diferença na sua escola e na sua casa.

Você sabe o que é uma **campanha**? Conhece alguma?

Campanha
Conjunto de etapas, ações e esforços para se atingir um determinado fim.

Para desenvolver este projeto, vamos trabalhar com:

- Entrevista;
- Leitura de texto e seleção de informações;
- Pesquisa, coleta e organização de dados;
- Produção de gráficos;
- Leitura de imagens.

Nossa proposta é trabalhar em grupo para construir uma campanha de conscientização a respeito da questão dos resíduos sólidos e de como somos responsáveis pelo seu destino.

Quando começamos a prestar atenção nos resíduos que geramos e mudamos nossas atitudes, podemos cuidar mais do meio ambiente e do planeta!

Delfim Martins/Pulsar Imagens

Lixeiro recolhendo resíduos em Juazeiro do Norte (CE), 2017.

projeto iniciado em:

____/____/______

projeto encerrado em:

____/____/______

Momento 1

No Brasil, estima-se que algo em torno de 180 a 250 mil toneladas de resíduos são produzidas diariamente. Isso acontece em casa, na escola, na rua, no mercado, na sorveteria... Há sempre uma lixeira que precisa ser esvaziada. Mas para onde esses resíduos vão após serem descartados?

João Prudente/Pulsar Imagens

Os resíduos descartados são coletados e transportados em caminhões. Na foto, coleta de lixo em Valinhos (SP), 2015.

Luis Salvatore/Pulsar Imagens

Os caminhões levam o lixo para áreas específicas, como aterros sanitários, onde grandes quantidades de lixo ficam depositadas. Na foto, aterro sanitário da Caucaia, em Fortaleza (CE), 2016.

Atividade 1

Você sabe para onde vão os resíduos do lugar onde você mora? Formule uma hipótese do que acontece com os resíduos, do descarte na lixeira até seu destino final.

Converse com seus colegas a respeito do destino dos resíduos. Ele é o mesmo para os resíduos do lugar onde você mora e do lugar onde estuda? E no caso de outro bairro? Faça um registro de todos os locais que forem citados como possíveis destinos finais.

Atividade 2

Vamos conhecer as diferentes formas de destinar os resíduos sólidos que produzimos no Brasil.

- Organizem-se em grupos de acordo com o número de alunos da sua sala.
- Cada grupo ficará responsável por pesquisar um dos termos que podem ser o destino dos resíduos sólidos.
- Depois um aluno de cada grupo reúne-se com os colegas de outros grupos para contar o que descobriu!

Aterro sanitário | Compostagem | Reciclagem

Incineração | Aterro controlado | Lixão

Atividade 3

Discuta com seus colegas o que pesquisaram. Anote as informações novas ao lado da respectiva foto.

Artur Keunecke/Pulsar Imagens

Lixão, na Chapada dos Guimarães (MT), 2016.

Delfim Martins/Pulsar Imagens

Aterro sanitário, em Nazária (PI), 2015.

ALINE FURLANETTO/Jornal Comércio do Jahu

Incinerador de lixo, em Jaú (SP), 2014.

Theo Marques/Folhapress

Reciclagem de lixo, em Nova Esperança (PR), 2017.

João Prudente/Pulsar Imagens

Compostagem de lixo orgânico, em Pingo-d'Água (MG), 2013.

Hans Von Manteuffel/Pulsar Imagens

Aterro controlado, em Jaboatão do Guararapes (PE), 2016.

Desde que é gerado, o resíduo sólido passa pelas seguintes etapas:

- **Acondicionamento:** ato de embalar os resíduos em recipientes próprios e adequados para evitar contaminações.
- **Coleta** e **transporte:** ato de recolher o resíduo e levá-lo ao lugar de destino. Pode ser um lixão ou um aterro sanitário, por exemplo.
- **Tratamento:** busca pela valorização do resíduo e pela redução do volume a ser aterrado. Nesta etapa, o resíduo pode ser transformado com o objetivo de ser reinserido nos ciclos econômicos de produção, como nos casos da reciclagem e da compostagem, por exemplo, ou podem passar pelo processo de descontaminação e neutralização de produtos tóxicos, como é o caso do tratamento da água e da incineração.
- **Disposição final:** é a distribuição dos resíduos em locais que devem ser preparados para recebê-los.

Atividade 4

Em dupla, conversem: Como vocês classificariam cada uma das etapas do ciclo dos resíduos sólidos vistas na atividade anterior?

Atividade 5

Faça um desenho esquemático com todas as etapas vistas até agora: geração de resíduos, descarte, transporte, se há ou não tratamento e se há ou não uma disposição final. Lembre-se de consultar os resultados das discussões anteriores! Bom trabalho!

Momento 2

Você já ouviu a palavra biodegradável? **Biodegradável** é todo material que pode ser decomposto, ou seja, que se transforma naturalmente, por ação de microrganismos, como fungos e bactérias.

Dos resíduos que produzimos, quais são biodegradáveis? Quanto tempo demora para eles serem decompostos na natureza?

Vamos descobrir?

Atividade 1

Dos resíduos sólidos que estudamos até o momento, uma parte pode chegar à disposição final sem possibilidade de retornar aos ciclos econômicos. Retome suas anotações sobre esses locais (por exemplo, lixão e aterro sanitário). Para saber mais sobre eles, leia o texto a seguir:

Segundo a Pesquisa Nacional de Saneamento Básico (PNSB), publicada em 2010 pelo Instituto Brasileiro de Geografia e Estatística (IBGE), 50,8% dos municípios brasileiros utilizam lixões para descartar seus resíduos, 22,5% usam aterros controlados e 27,7% usam aterros sanitários.

Lixões são locais de depósito a céu aberto, sem nenhuma etapa de tratamento prévia dos resíduos. Como o terreno não é preparado para receber uma quantidade tão grande de resíduos, há contaminações de água, ar, solo, lençóis freáticos. Para piorar, o local atrai animais, como mosquitos e ratos, que são transmissores de doenças graves, tétano e leptospirose, por exemplo.

Há uma tentativa de remediar os lixões, cobrindo a superfície com uma camada de terra. Esses locais são chamados de **aterros controlados**. Neles, se minimiza o acesso de animais aos resíduos, porém o dano ambiental continua presente.

Já nos **aterros sanitários**, os resíduos são depositados em solo impermeabilizado (um revestimento de argila e mantas de PVC). Além disso, há um sistema de drenagem do chorume e de captação de gases. Toda superfície é coberta com solo diariamente e compactado com trator, o que dificulta o acesso de animais transmissores de doenças.

Elaborado com base em: <www.brasil.gov.br/governo/2010/08/ibge-divulga-pesquisa-nacional-de-saneamento-basico-1>. Acesso em: 1º dez. 17.

a) Se os resíduos não tratados forem depositados em um aterro, o que você acha que vai acontecer com eles depois de certo tempo? Formule suas hipóteses sobre os resíduos: plástico, vidro, metal, papel e restos de alimentos. Escolha outro resíduo que você considerar importante e formule hipóteses para ele também.

- Converse com seus colegas. As hipóteses de vocês foram parecidas?

b) Para testar suas hipóteses, vocês vão realizar um experimento. A ideia é simples: colocar os resíduos em um recipiente, como um balde, cobrir com terra e aguardar certo tempo. Para isso, será necessário confeccionar uma lista. Quais resíduos serão separados e quais serão enterrados?

c) Em Ciências, quando se quer pesquisar algo, é necessário controlar as variáveis do experimento. Por isso, a proposta será montar dois grupos de experimento controlado para a classe: um **experimental** e um **controle**. Na prática é bem simples: se uma das variáveis for a influência da água na degradação dos resíduos (ela afeta ou não?), teremos que manter um dos baldes sempre úmido (experimental), e o outro, seco (controle).

- Façam uma votação. Qual variável será analisada: influência da água ou da luz solar?

Total de alunos: ______

Variável

Qualquer característica ou condição comum da qual se deseja descobrir a influência em um experimento.

Uma dica!

Lembre-se de que apenas a variável deve ser diferente nos experimentos! Isso quer dizer que os resíduos escolhidos devem estar presentes nos dois baldes.

Variável	Quantidade de votos	Porcentagem
Água		
Luz solar		

Atividade 2

Observem e auxiliem o professor na montagem dos experimentos. Vejam como fazer o experimento para a variável água.

Atenção
Faça com o auxílio de um adulto

Material

- 2 baldes ou 2 recipientes grandes
- Terra vegetal
- Pá para jardinagem ou copos descartáveis
- Água sem cloro
- Resíduos escolhidos

Etapas de montagem

1. Marcar um dos baldes como "experimental" e outro como "controle".
2. Preencher os baldes com um pouco de terra vegetal, de forma a cobrir o fundo.
3. Acrescentar os resíduos escolhidos nos dois baldes, para que contenham os mesmos tipos.
4. Finalizar com uma camada grossa de terra.
5. Caso os resíduos sejam muito volumosos, alterná-los com camadas de terra.
6. Umedecer o balde "experimental" com água sem cloro (cuidado para não encharcar).
7. O balde "controle" não será umedecido durante o experimento.

Fotos: Fernando Favoretto/Acervo do Fotógrafo

- Faça um desenho esquemático dos baldes do experimento, anotando a variável estudada e os resíduos que foram colocados. Você vai retomar esse experimento no início do próximo momento; verifique a data aproximada com o professor.

Uma dica!

Lembre-se de umedecer o balde periodicamente. Não deve ficar muito molhado, apenas úmido. Sempre verifique ou observe, antes de despejar a água, como está o solo – você pode remexer com uma pá, por exemplo.

Data da montagem: ______________________________.

Variável estudada: ______________________________.

Resíduos: ______________________________

____

____.

Atividade 3

Nesse estudo, você e seus colegas tiveram oportunidade de conhecer mais sobre as diferentes formas de tratar os resíduos que produzimos.

- Sua tarefa agora será, com sua dupla, escrever perguntas e respostas sobre os resíduos sólidos e o destino deles para colocar no mural da escola. A ideia é informar os outros alunos sobre as principais questões que vocês descobriram a respeito desses temas.
- Essas informações podem fazer parte da campanha que vocês organizarão no último momento!
- Antes de iniciar, é importante planejar quais serão as perguntas e os principais tópicos que aparecerão nas respostas. Use o caderno para fazer o planejamento.

Bom trabalho!

Momento 3

Já aprendemos sobre os resíduos sólidos, sobre sua disposição final, que pode ser tratada ou não, adequada ou inadequada, mas até agora não aprendemos sobre as pessoas que trabalham com os resíduos sólidos.

No Brasil, os cidadãos ainda não estão muito engajados com a coleta seletiva e praticamente não separam os resíduos recicláveis dos demais em sua residência. Uma parte dessa separação é feita por profissionais que buscam seu sustento na coleta de resíduos sólidos.

O processo da reciclagem inicia-se nas usinas de triagem de resíduos, locais que recebem os resíduos parcialmente classificados e onde estes serão devidamente separados para ser vendidos aos centros de reciclagem.

Vamos conhecer um pouco mais sobre esses profissionais que ajudam a manter nosso ambiente limpo?

Atividade 1

Observem as fotos. Todas retratam profissionais que trabalham com resíduos sólidos, recicláveis ou não, em diferentes estados brasileiros.

Luciana Whitaker/Pulsar Imagens

Catadora de materiais recicláveis em Curitiba (PR), 2015.

G. Evangelista/Opção Brasil Imagens

Garis limpando rua em Laranjeiras (SE), 2015.

Chico Ferreira/Pulsar Imagens

Central de triagem de lixo reciclável, São Paulo (SP), 2016.

Delfim Martins/Pulsar Imagens

Lixeiros esvaziando lixeira em caminhão em Belém (PA), 2014.

Ed Alves/CB/D.A Press

Catadores de material reciclável em lixão de Brasília (DF), 2014.

Leia as questões e converse com seus colegas sobre o trabalho com resíduos.

a) Quais aspectos do trabalho com resíduos são mostrados nas imagens?

b) O trabalho com resíduos recicláveis feito em diferentes estados brasileiros é sempre igual?

c) Há trabalho com resíduos recicláveis no bairro ou no município onde você mora? Ele se assemelha àquele mostrado em alguma das fotos?

Atividade 2

Para saber mais sobre a importância desse trabalho, vamos ler um texto. Ele fala sobre os problemas reais que esses trabalhadores enfrentam no seu dia a dia ao realizar sua atividade. Em situações ideais, o trabalho deles é organizado em cooperativas.

- As cooperativas de reciclagem são responsáveis pelas etapas de coleta, triagem e empacotamento dos resíduos. Só depois eles vão para os centros de reciclagem. Toda verba obtida é dividida entre os cooperados.

Cooperativa
Sociedade de pessoas, constituída para prestar serviços aos associados.

- Ao ler o texto, é importante recordar do que já foi visto sobre as expressões "lixo" e resíduos sólidos! Por se tratar de uma reportagem, um texto do tipo informativo, é comum que o autor não tome o mesmo cuidado que os especialistas com os termos utilizados.

Como as cooperativas de catadores ajudam na cadeia da reciclagem

Divulgação/Avemare

O que é? Milhares de pessoas no Brasil vivem de coletar, separar, reciclar e vender aquilo que muitos de nós chamamos de lixo. O papel dos catadores e das cooperativas de recicláveis vem ganhando importância nas últimas duas décadas devido ao crescimento da agenda de temas ligados à sustentabilidade e à inviabilidade dos lixões. Esses trabalhadores realizam um serviço de utilidade pública de extrema relevância no contexto atual das cidades, mas pouco sabemos sobre eles. O Outra Cidade resolveu então contar a história da Avemare em Santana de Parnaíba, em São Paulo.

A comunidade que surgiu dos catadores

Cerca de 50 catadores começam a visitar o lixão de Santana de Parnaíba, cidade na Grande São Paulo, para tirar seu sustento. Era início da década de 1990 e, como é de se esperar em um cenário como esse, as condições eram péssimas e insalubres. Com o tempo, a presença desses trabalhadores deu origem à comunidade Vila Esperança, que cresceu e viveu do aterro sanitário por mais de uma década. As perspectivas raramente são boas nessa realidade, mas quem visita a região hoje vê um universo bastante diferente.

A Associação Vila Esperança de Materiais Recicláveis (Avemare) faz um trabalho inspirador para quem gosta de questões como reciclagem e gestão de lixo. Contando com cerca de 80 catadores cooperados (todos segurados pelo INSS), o grupo recebe cerca de 400 toneladas de lixo por mês. A coleta é feita pela própria cooperativa. [...]

O município disponibilizou uma área para formação da central de triagem, com equipamentos e caminhões para realização da coleta. Por meio de diferentes parceiros [...], a Avemare recebeu suporte técnico para capacitação dos catadores na formação da cooperativa, apoio de educadores para acompanhar o grupo na gestão da central de triagem e para o desenvolvimento de todo o programa de educação ambiental de implementação da coleta seletiva na cidade. Esse processo culminou com a formalização da cooperativa como instituição em 2007.

O trabalho foi crescendo, e atualmente envolve outras ações. A associação coordena o projeto "Lixo da Gente" e viabiliza a coleta seletiva em residências, escritórios e empresas de Alphaville, Santana de Parnaíba, Granja Viana e região.

Além disso, a cooperativa criou a "Campanha do Desapego", em que recebe doações de roupas, livros, móveis, eletrônicos, eletrodomésticos, objetos de cozinha, decoração, calçados, brinquedos ou até mesmo antiguidades. Todos esses itens serão vendidos em um bazar e o dinheiro arrecadado é revertido para as despesas do dia a dia da instituição, como compra de alimentos, material de limpeza e higiene pessoal e manutenção dos caminhões que fazem a coleta.

[...]

Como as cooperativas de catadores ajudam na cadeia da reciclagem, de Danilo Cersosimo, de 29 de novembro de 2015. Disponível em: <http://outracidade.uol.com.br/como-as-cooperativas-de-catadores-ajudam-na-cadeia-da-reciclagem/>. Acesso em: 30 nov. 2017.

a) Converse com seus colegas e responda: Qual é a importância das atividades realizadas pelos profissionais que trabalham com resíduos recicláveis? Selecionem ou sublinhem frases no texto para auxiliar sua resposta.

____

____

____

____

b) A partir do que você leu, que mudanças aconteceram na vida das pessoas depois que elas deixaram de trabalhar nos lixões e passaram a trabalhar na cooperativa?

____

____

____

____

Atividade 3

Vamos preparar uma entrevista e conhecer melhor os profissionais que trabalham com resíduos recicláveis. Nosso foco é obter mais informações sobre a vida e as atividades do profissional escolhido.

Veja os elementos de uma entrevista, ou seja, o que é necessário para ela ocorrer:

- O **entrevistador** é quem faz as perguntas.
- O **entrevistado** é quem responde às perguntas – no nosso caso, o profissional que trabalha com resíduos recicláveis.
- O **roteiro** é um compilado de perguntas, pensadas e escritas com antecedência para não nos esquecermos de nada na hora da entrevista.
- O **registro da entrevista** é feito por uma pessoa que anota as respostas, tira fotos, faz vídeos, etc.

a Para se preparar para a realização da entrevista, vamos refletir sobre as seguintes questões:

- Quem será entrevistado?

____

- Onde ele trabalha?

____

b As perguntas de uma entrevista são abertas (ou seja, não podem ser perguntas de "sim" e "não"). Formulem pelo menos quatro perguntas sobre o que você tem vontade de saber.

Seu professor vai agendar a conversa e o que mais for necessário para a realização desta atividade!

Uma dica!

No dia da conversa, não deixe de anotar as respostas e outras informações que achar importante! Pode ser interessante tirar fotos ou fazer vídeos, mas antes não se esqueça de conferir se o profissional vai autorizar.

____

____

____

____

____

Momento 4

Campanha é um conjunto de etapas, ações e esforços para promover mudanças! Por exemplo, nas campanhas de vacinação, a meta é vacinar todo o público-alvo que pode sofrer com aquela doença, como a gripe. Então, há propagandas para que as pessoas se vacinem, cartazes, apresentações orais, e muito mais.

Há vários tipos de campanha: publicitárias, políticas, sociais, só para começar. Há também as campanhas de conscientização, que buscam informar e educar as pessoas, mudando comportamentos e atitudes em relação àquele determinado tema.

Para entender melhor como faremos a campanha, teremos que descobrir o que acontece com os resíduos que produzimos na escola, o que nossos colegas sabem sobre os resíduos e que atitudes queremos mudar.

Vamos lá?

Atividade 1

Como os resíduos da sua escola são tratados? Há coleta domiciliar e seletiva? Se sim, quem recolhe cada tipo de resíduo e qual o destino deles? Se não, qual o motivo? Para responder a essas perguntas, pesquisem em jornais locais, revistas, internet ou conversem com os responsáveis pela limpeza da escola, secretários, diretor, além de outros adultos próximos. Registrem tudo o que descobrirem. Não se esqueçam de anotar o nome e a função dentro da escola das pessoas com quem vocês conversaram.

a) Compartilhem o que vocês descobriram com os outros grupos. Anote aqui as novas descobertas.

b) Com base no que descobriram sobre a destinação dos resíduos produzidos na escola, completem o quadro.

Atitudes positivas já praticadas	Atitudes positivas ainda não praticadas

Atividade 2

a Será que a separação dos resíduos para coleta é uma tarefa conhecida por todos os alunos? Para saber um pouco mais a esse respeito, entrevistem colegas de outras salas.

O professor ajudará na organização dos grupos.

Para cada pergunta, façam uma marcação (por exemplo, um **X**) na resposta dada.

Uma dica!

Talvez seja necessário falar para seus colegas de escola o que já sabemos: o termo correto é chamar o "lixo" de resíduo. Você pode convidá-los a procurar os termos no dicionário e fazê-los refletir sobre a adequação da escolha.

- Quando você produz um resíduo, você o joga no chão (na rua) ou o descarta adequadamente em uma lixeira?

Sempre descarto em uma lixeira.	
Jogo no chão.	
Quando não há uma lixeira por perto, jogo no chão.	

- Quando existe coleta seletiva (lixeiras diferentes para cada tipo de resíduo), você se preocupa em descartar o resíduo no local certo?

Sim, sempre.	
Não, nunca.	
Às vezes.	

b Agora chegou o momento de reunir todos os dados coletados pela turma.

- Quando você produz um resíduo, você o joga no chão (na rua) ou o descarta adequadamente em uma lixeira?

Resposta	Quantidade	Porcentagem
Sempre descarto em uma lixeira.		
Jogo no chão.		
Quando não há uma lixeira por perto, jogo no chão.		

- Quando existe coleta seletiva (lixeiras diferentes para cada tipo de resíduo), você se preocupa em descartar o resíduo no local certo?

Resposta	Quantidade	Porcentagem
Sim, sempre.		
Não, nunca.		
Às vezes.		

c) Produza gráficos para representar as porcentagens das respostas coletadas. Esses gráficos poderão ser utilizados para ilustrar a campanha da próxima atividade.

Atividade 3

Após descobrir como os resíduos são tratados na escola e quais atitudes são necessárias, é preciso pensar em algumas questões.

a) O que pode ser feito para melhorar a coleta de resíduos da escola em que você estuda?

b) Como podemos ajudar os alunos da escola a perceberem quais atitudes afetam o ambiente, como jogar lixo no chão, não separar os resíduos, etc.?

c) O problema produzido pelos resíduos não termina quando o caminhão da coleta de lixo passa para retirá-lo. Como podemos conscientizar nossos colegas dessa questão?

Atividade 4

a) Compartilhe com seus colegas as ideias que tiveram e juntos organizem as etapas da campanha que farão na escola. Utilizem seus registros, o experimento (Momento 2) e a entrevista que elaboraram anteriormente, assim como os gráficos produzidos na atividade anterior.

b) Observem os modelos de cartazes de outras campanhas:

Cartaz de campanha de combate à dengue, na cidade de Pinhais (PR).

Cartaz de campanha de vacinação contra a raiva, na cidade de São Paulo (SP).

c Agora, organizem a campanha da turma.

A campanha!

- Título da campanha: ______________________
- Ações: ______________________

____

____

____

____

____

____

Lembre-se: a campanha pode começar na escola, mas não deve ficar restrita a ela. Afinal, os resíduos sólidos são um tema que afeta a todos e em todos os lugares: em casa, na escola, e em muitos outros lugares que frequentamos.

d Verifiquem o que falta fazer e o que já foi feito.

O que fazer	Checado
1. Público-alvo Qual é nosso público-alvo?	
2. Mensagem Qual mensagem queremos passar?	
3. Produção da comunicação Escrevemos os textos que farão parte da campanha? Escolhemos o formato que vamos utilizar para divulgação?	
4. Local Escolhemos e preparamos o local onde os cartazes serão fixados?	
5. Apresentação oral Faremos uma apresentação oral para os outros alunos?	

Se já está tudo pronto, boa campanha!

O que aprendi sobre...

Resíduos: para onde vão?

Projeto 3

Consumo consciente

- Como diminuir os impactos causados ao meio ambiente por resíduos sólidos gerados e acumulados?

Fernando Favoretto/Criar Imagem

Crianças recolhendo lixo às margens da represa Billings, São Bernardo do Campo (SP), 2017.

Introdução ao projeto 3

Nos projetos 1 e 2, você estudou e conheceu um pouco mais a respeito do tratamento dos resíduos sólidos gerados no Brasil. Agora, neste projeto, o convite é para pensarmos juntos sobre uma questão muito importante para a melhoria do futuro ambiental de nosso planeta: Como podemos diminuir os impactos causados por tantos resíduos gerados em nosso país?

O melhor caminho é diminuir a quantidade de resíduos, e essa é uma questão para analisarmos. Mas, além de diminuir, também é preciso tratar esses resíduos. Aqui, você vai conhecer duas formas de tratamento dos resíduos sólidos que podem ser consideradas mais sustentáveis: a **reciclagem** e a **compostagem orgânica**.

Ao final do projeto, você terá oportunidade de colocar em prática a **compostagem orgânica**. Esperamos que você aproveite ao máximo essa experiência!

Fernando Favoretto/Criar Imagem

Alunos apresentando seminário sobre reciclagem, São Caetano do Sul (SP), 2013.

projeto iniciado em:

____/____/________

projeto encerrado em:

____/____/________

Momento 1

Durante o dia, geramos diversos resíduos sólidos. São embalagens, restos de comida, objetos que não usaremos mais, etc.

E você, o que produz ao longo do seu dia?

Fernando Favoretto/Criar Imagem

Na foto, alguns tipos de resíduo que geramos todos os dias. Eles são semelhantes aos que você descarta no lixo?

Atividade 1

Escolha uma data para identificar seis resíduos que você gera durante um dia e liste-os abaixo.

1. ______________________
2. ______________________
3. ______________________
4. ______________________
5. ______________________
6. ______________________

Atividade 2

Seus colegas produzem os mesmos tipos de resíduo que você? Em sua opinião, quanto tempo esses resíduos levarão para se decompor? Converse com eles e registre as informações abaixo.

____

____

____

Decompor

Separar(-se) (um corpo ou um conjunto) em seus elementos ou partes; causar ou sofrer uma alteração significativa.

Atividade 3

Diversos experimentos foram realizados no Brasil e em outros países para descobrir o tempo que os resíduos demoram para se decompor. Observe na tabela a seguir o tempo de decomposição de alguns deles.

Resíduo	Tempo de decomposição
Orgânico	De 2 a 12 meses
Papel	De 3 a 6 meses
Garrafa plástica	400 anos
Borracha	Tempo indeterminado
Vidro	Mais de 4 mil anos
Alumínio	De 200 a 500 anos
Chiclete	5 anos
Copo plástico	50 anos

Fonte: <http://dgi.unifesp.br/ecounifesp/index.php?option=com_content&view=article&id=16&Itemid=11>. Acesso em: 23 nov. 2017.

a) Qual resíduo gerado por você demorará mais tempo para se decompor?

____

b) Qual demorará menos tempo?

____

c) O tempo de decomposição desses resíduos é semelhante àqueles que você estimou na atividade 2?

____

Atividade 4

Converse com seus colegas sobre quanto tempo poderá levar para se decompor todo resíduo sólido gerado no Brasil em um dia.

Atividade 5

Além do tempo que permanecem no ambiente até se decompor, os resíduos, quando descartados indevidamente, podem trazer alguns problemas.

Dirceu Portugal/Fotoarena

Um único pedaço de papel jogado na rua pode contribuir para uma cena como esta. Curitiba (PR), 2017.

a Você concorda com a legenda da fotografia? Justifique sua resposta.

b A situação representada na imagem também ocorre na cidade onde você mora? Ela traz problemas aos moradores? Quais?

Momento 2

Você vai ler um texto sobre resíduos sólidos. Antes de ler, lembre-se: há autores que utilizam a palavra **lixo**, e outros, a palavra **resíduo**.

O lixo e o consumo

Não faz muito tempo, a produção de RSU [resíduos sólidos urbanos] era de algumas dezenas de quilos por habitante por ano. Hoje, a maioria dos países mais industrializados gera mais de 600 quilos anuais *per capita* de lixo. Nos últimos 30 anos, o aumento do volume de lixo produzido no mundo foi três vezes maior que o populacional. [...]

Países desenvolvidos produzem mais RSU por habitante porque têm níveis mais elevados de consumo. À medida que os países vão se tornando mais ricos, há uma redução gradual dos componentes orgânicos no lixo. A proporção de plásticos, metais e papel no lixo doméstico fica maior. [...]

Per capita
Por cabeça ou por pessoa (frequentemente usado para indicar uma média por pessoa de determinado valor).

No *ranking* liderado pelos norte-americanos (624 mil toneladas por dia), quatro nações em desenvolvimento (China, Brasil, Índia e México) aparecem entre os dez maiores produtores de lixo. A lista mostra uma discrepância significativa da parcela que cada nação tem no problema, já que, por exemplo, os EUA geram sete vezes mais resíduos sólidos urbanos do que a França, a 10ª colocada.

Por isso, nas últimas décadas, cresceu muito a pressão sobre as economias mais ricas para acabar com a cultura de descartar um produto como lixo após um único uso.

A consciência com relação ao lixo também varia. Para muitos países, a abundância de espaço e de recursos serve como desestímulo para a educação ambiental. São os casos de emergentes como China, Brasil e México. Já países onde há escassez de área disponível, caso comum na Europa, têm despertado para a urgência de se dar um destino mais racional e ecologicamente adequado para os resíduos sólidos.

Rumo a 4 bilhões de toneladas por ano. **Revista Em discussão!**, Brasília, ano 5, n. 22, p. 48-51, set. 2014.

mrstam/Shutterstock

Atividade 1

Você entendeu o texto? Grife as principais ideias que ele transmite. Mostre a um colega e comparem as conclusões. Vocês concordam com o autor do texto? Por quê?

Atividade 2

O que você entendeu da seguinte frase do texto:

> [...] cresceu muito a pressão sobre as economias mais ricas para acabar com a cultura de descartar um produto como lixo após um único uso.

Atividade 3

O texto evidencia que a questão do acúmulo de resíduos relaciona-se ao consumo. Nesse contexto, relata uma diferença nos resíduos gerados pelos países à medida que vão se tornando mais desenvolvidos.

a) Que diferença é essa?

b) Em sua opinião, por que essa diferença acontece?

c) Qual é a consequência dessa diferença para o ambiente?

Atividade 4

O que podemos fazer, em nosso dia a dia, para diminuir a quantidade de resíduos sólidos que geramos?

- Agora, compare suas ideias com as de seus colegas e registre novas soluções.

Momento 3

Reduzir a quantidade de resíduos gerados é muito importante, mas também é preciso pensar no que podemos fazer com todas as coisas que descartamos diariamente.

RTimages/Alamy/Fotoarena

A **reciclagem** é uma das alternativas para diminuir o impacto da grande quantidade de resíduos gerados pela população.

Atividade 1

Converse com seus colegas e respondam às seguintes perguntas:

a) O que vocês sabem sobre reciclagem de materiais descartados?

b) Que materiais vocês conhecem que podem ser reciclados?

c) Quais produtos reciclados vocês conhecem?

Atividade 2

Para saber um pouco mais sobre a reciclagem, leia o texto e depois responda às perguntas.

Reciclagem: a indústria do presente

A reciclagem é uma das alternativas de tratamento de resíduos sólidos mais vantajosas, tanto do ponto de vista ambiental como social. Ela reduz o consumo de recursos naturais, poupa energia e água e ainda diminui o volume de lixo e a poluição. Além disso, quando há um sistema de coleta seletiva bem estruturado, a reciclagem pode ser uma atividade econômica rentável. Pode gerar emprego e renda para as famílias de catadores de materiais recicláveis, que devem ser os parceiros prioritários na coleta seletiva. Em algumas cidades do país, como por exemplo, São Paulo e Belo Horizonte, foi implementada a Coleta Seletiva Solidária, fruto da parceria entre o Governo local e as associações ou cooperativas de catadores.

Para atrair mais investimentos para o setor, é preciso uma união de esforços entre o governo, o segmento privado e a sociedade no sentido de desenvolver políticas adequadas e desfazer preconceitos em torno dos aspectos econômicos e da confiabilidade dos produtos reciclados.

Os materiais normalmente encaminhados para a reciclagem são o vidro (garrafas, frascos, potes, etc.), o plástico (garrafas, baldes, copos, frascos, sacolas, canos, etc.), papel e papelão de todos os tipos e metais (latas de alimentos, de refrigerantes, etc.). Por questões de tecnologia ou de mercado, alguns materiais ainda não são reciclados.

Consumo sustentável: Manual de educação. Brasília: Consumers International, MMA, MEC, IDEC, 2005, p. 118-119. Disponível em: <www.idec.org.br/uploads/publicacoes/publicacoes/Manual_completo.pdf>. Acesso em: 25 nov. 2017.

a) Do ponto de vista ambiental, quais são as vantagens da reciclagem?

b) E do ponto de vista social, quais são as vantagens da reciclagem?

c) O que você entende por "desfazer preconceitos em torno dos aspectos econômicos e da confiabilidade dos produtos reciclados"?

Momento 4

Como você viu, geramos diariamente um volume enorme de resíduos sólidos. Mas qual será o tipo de resíduo sólido mais gerado no Brasil? Observe:

Brasil: porcentagem de municípios sem coleta seletiva (2016)

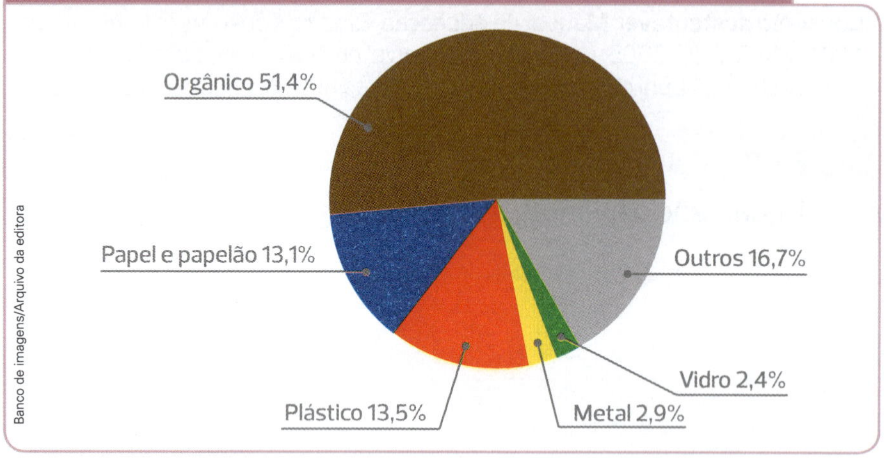

Gráfico elaborado a partir de: **Plano Nacional de Resíduos Sólidos**. Ministério do Meio Ambiente. Brasília, 2012. p. 10. Disponível em: <www.sinir.gov.br/documents/10180/12308/PNRS_Revisao_Decreto_280812.pdf/e183f0e7-5255-4544-b9fd-15fc779a3657>. Acesso em: 25 nov. 2017.

Atividade 1

Considerando os dados do gráfico, qual é o tipo de resíduo sólido mais gerado no Brasil?

- Quais materiais fazem parte desse tipo de resíduo?

Atividade 2

Quais são os problemas que os materiais orgânicos podem ocasionar quando descartados incorretamente?

Atividade 3

Em sua opinião, como poderiam ser diminuídos os impactos causados ao ambiente pelo lixo orgânico gerado?

- Reúna-se em grupo e compartilhe com os colegas o que você pensou. Todos pensaram a mesma coisa ou novas ideias surgiram?

Atividade 4

Você já ouviu falar de **compostagem de resíduos orgânicos**?

- A compostagem é uma maneira adequada de tratar esse tipo de resíduo. Para conhecer um pouco mais sobre essa técnica, leia o texto abaixo e depois responda às questões.

Restos de alimentos adubam hortas e jardins no *campus* de Ribeirão Preto

A técnica da compostagem envolve a reciclagem de restos de materiais orgânicos alimentares que são misturados a folhas e podas de jardim e se transformam em um condicionador de solo, ou seja, um composto orgânico (adubo) rico em nutrientes que deixa o solo em excelente condição para o crescimento das plantas. [...]

O relatório de 2013 da Organização das Nações Unidas para Alimentação e Agricultura (FAO) afirma que 33% de todo o alimento produzido no mundo se torna lixo. A compostagem [...] é uma maneira de minimizar os impactos desse descarte na natureza. [...]

Resto alimentar, cascas, borra de café, ossos, caroços, galhos, plantas, folhas e serragem podem ser separados para a compostagem. Essa técnica simples e de baixo custo pode ser feita em casa, em apartamento e em qualquer outro pequeno espaço de terra. [...]

Para compostar, basta misturar restos alimentares com folhas secas ou podas de jardim [...]. É necessário aerar, ou seja, mexer a composteira de uma a duas vezes por semana, para garantir oxigênio por toda sua área, além de cuidar para que haja equilíbrio de umidade – nem seca nem encharcada de água. [...].

Ao final de dois meses seu composto estará maduro, com a pilha fria, cor e cheiro de terra molhada e com minhocas. O composto aumenta a fertilidade do solo e pode ser usado em vasos, hortas e jardins.

Jornal da USP, 28 set. 2016. Disponível em: <https://jornal.usp.br/universidade/restos-de-alimentos-adubam-hortas-e-jardins-no-campus-de-ribeirao-preto>. Acesso em: 25 nov. 2017.

a) O texto traz três vantagens da compostagem de resíduos orgânicos. Quais são elas?

b) O que a compostagem produz? Onde seu produto pode ser utilizado?

c) Quais materiais podem ser utilizados na compostagem? Grife-os no próprio texto.

d) Em sua opinião, quais são os benefícios da compostagem?

Atividade 5

Você conhece algum canteiro de compostagem? Pesquise e anote o que você descobriu sobre compostagem.

Atividade 6

Que tal você e os colegas construírem um canteiro de compostagem para dar um bom destino aos resíduos orgânicos da escola? A primeira ação é a coleta do lixo orgânico. Depois é só seguir estas etapas:

Se na sua escola já houver coleta seletiva, é preciso conversar com os responsáveis para combinarem como poderão destinar os resíduos orgânicos para o projeto.

1. Escolham um espaço livre na escola para fazer o canteiro de compostagem. Se não houver, providenciem uma caixa plástica retangular grande e façam alguns furos nas laterais dela.

Fernando Favoretto/Acervo do Fotógrafo

Fernando Favoretto/Acervo do Fotógrafo

2. Coloquem os resíduos em camadas, de preferência alternadas: uma camada de cascas de frutas, legumes, ovos e outros), outra camada de folhas, palha, serragem ou mesmo terra. Depois, cubram tudo com uma lona. Isso evita o surgimento de moscas e acelera o processo de decomposição.
3. Para arejar o material em decomposição, é importante regar o conteúdo de dois em dois dias e revirá-lo com alguma ferramenta de jardim. Mas lembrem-se: é importante manter a umidade, mas sem encharcar!
4. Após algumas semanas o material adquire uma coloração marrom-escura, semelhante ao marrom da borra de café. Dá para perceber que o composto está pronto quando não se percebe mais um "cheiro ruim" e sim um "cheiro de terra", além disso, a aparência é bem homogênea e a temperatura fica igual à do ambiente.

Fernando Favoretto/Acervo do Fotógrafo

Fernando Favoretto/Acervo do Fotógrafo

Atenção
Faça com o auxílio de um adulto

5. Depois de pronto, o composto orgânico já pode ser misturado à terra do jardim, da horta e dos vasos.

O que aprendi sobre...
Consumo consciente

ReutilizArte!

- Reciclagem e compostagem são importantes formas de tratamento dos resíduos sólidos? Por quê?
- Qual é a principal diferença entre essas formas de tratar os resíduos?

Lazyllama/Alamy/Fotoarena

Após a reforma para o mundial de futebol de 2014, o estádio do Maracanã ganhou assentos feitos de garrafas PET recicladas. Rio de Janeiro (RJ), 2014.

Introdução ao projeto 4

Além de tratar os resíduos e recuperá-los para outros fins, que outras iniciativas podem ajudar a diminuir os efeitos da produção de novos resíduos? Você já pensou nessa questão?

Reciclagem é o processo em que se transforma um objeto usado em um novo, partindo da transformação da sua matéria-prima, seja ela plástico, vidro, metal, seja papel, entre outros materiais.

Como podemos transformar um objeto já utilizado em outro, que seja também útil para o nosso dia a dia?

Nos Momentos 1 e 2 vamos entender o que são os 3 R's: Reduzir, Reutilizar e Reciclar. E também a responsabilidade que temos pelos resíduos que geramos, isto é, que produzimos e lançamos no ambiente.

Os temas dos Momentos 3 e 4 apresentam as soluções criadas por alguns artistas para o aproveitamento dos resíduos sólidos, utilizando-os como matéria-prima em seus trabalhos e criações, ou seja, o resíduo é transformado em obra de arte.

Será a arte o caminho para chamar a atenção das pessoas aos impactos causados pela geração e acúmulo de resíduos? Vamos pensar nisso?

No momento final, inspirados nas soluções criadas pelos artistas, você e seus colegas utilizarão resíduos sólidos coletados na escola para criar suas próprias obras de arte.

Vamos começar?

As imagens não estão em proporção.

G. Evangelista/Opção Brasil Imagens

João Prudente/Opção Brasil Imagens

Você também pode reciclar materiais e criar objetos para o seu uso, como as pulseiras de garrafa PET e a jardineira de pneu das fotos acima.

projeto iniciado em:

_____/_____/_______

projeto encerrado em:

_____/_____/_______

Momento 1

A Política Nacional de Resíduos Sólidos, PNRS (Lei n. 12 305/10), nos fornece diversas orientações sobre a relação entre a sociedade e os resíduos por ela gerados. Entre essas orientações, está o conceito de **responsabilidade compartilhada**.

Esse conceito determina que todos os envolvidos com a geração de um resíduo têm igual responsabilidade sobre ele. Assim, fabricantes, importadores, distribuidores, comerciantes, consumidores e governos devem agir para resolver as dificuldades trazidas pelos resíduos que produzem.

Essa ação chama-se **logística reversa**. Para que ela aconteça, são criados pontos de coleta, onde o consumidor deposita os resíduos para que sejam encaminhados de volta à empresa fabricante/comerciante.

No Brasil, produtos como eletroeletrônicos, lâmpadas fluorescentes, óleos lubrificantes, medicamentos e embalagens em geral já contam com redes de logística reversa. Porém, ainda é possível ampliar essa ação para outros tipos de material.

Atividade

Considerem estes três resíduos sólidos: pneus usados, pilhas descarregadas e medicamentos fora do prazo de validade. Os três tipos de resíduo podem ser reencaminhados às empresas que os produziram?

As imagens não estão em proporção.

vuttichai chaya/Shutterstock

urbanbuzz/Shutterstock

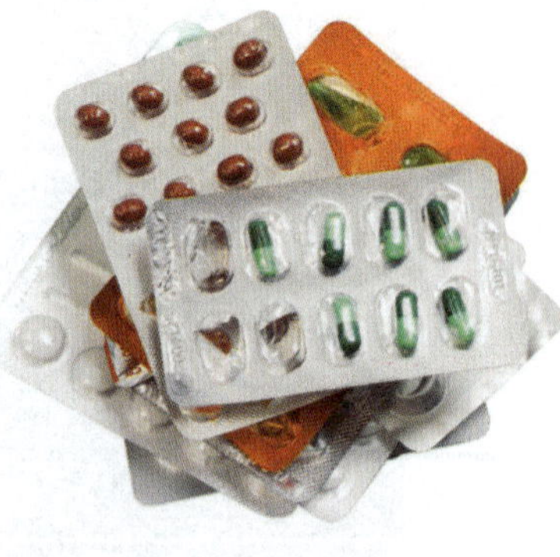

moowhan27/Shutterstock

Façam uma pesquisa para responder:

a) Nós, os consumidores dos produtos, podemos encaminhar esses resíduos de volta para as empresas? O que essas empresas farão com eles? Qual será o destino final deles?

b) Aguarde as orientações do professor para saber qual tipo de resíduo será de responsabilidade do seu grupo para a pesquisa.

c) Resíduo que o grupo pesquisará: ____________________

Momento 2

Vimos que a reciclagem é uma ação muito importante para diminuir a quantidade de resíduos sólidos que sobram e ficam no ambiente.

Além de **reciclar**, podemos também pensar em como **reduzir** aquilo que consumimos. Será que precisamos de tudo o que compramos? Menos produtos comprados significam menos embalagens geradas, quebradas e descartadas.

Podemos ainda pensar em como **reutilizar** um produto. Dessa forma, não precisamos adquirir outro novo, evitando a geração de mais um resíduo.

Os 3 R's (Reduzir, Reutilizar e Reciclar) nos ajudam a pensar em como os resíduos podem voltar a ser aproveitados.

Atividade 1

Observem produtos que seriam descartados após o uso.

- Com seu colega, pense em uma ou mais maneiras de reutilizar cada um desses produtos, evitando que se tornem novos resíduos. Registrem suas ideias.

As imagens não estão em proporção.

FotoSearch/StockPhotos/Latinstock

J. Borruel/ Shutterstock

l3ackjack/Shutterstock

Atividade 2

Quando reutilizamos materiais, devemos ter cuidado com as substâncias tóxicas.

- Leiam as informações e escrevam **V** (verdadeiro) ou **F** (falso).

Substância tóxica
É encontrada na natureza ou produzida pelas pessoas. Ela pode causar sérios problemas à saúde das pessoas e até a morte. Animais e plantas também são afetados por esse tipo de substância.

a Podemos reutilizar uma lata de tinta para plantar alimentos?

( ) Todas as latas de tintas podem ser reutilizadas porque não são usadas para armazenar substâncias tóxicas.

( ) Usar uma lata de tinta para plantar alimentos pode ser perigoso porque as tintas deixam na lata substâncias tóxicas que são absorvidas pelos vegetais.

b Podemos decorar garrafas PET com cola, purpurina ou tintas plásticas e depois reciclá-las?

( ) As substâncias usadas para a decoração da garrafa não podem ser removidas do plástico da garrafa e acabam impedindo sua reciclagem.

( ) As garrafas PET são muito resistentes e dificilmente os produtos usados para decorar essas garrafas podem danificá-las.

( ) O ideal é sempre usarmos materiais que tenham a mesma origem (madeira, metal, plástico, etc.) ou que possam ser facilmente lavados com água.

- Voltem a ler suas sugestões de reutilização para os produtos da atividade 1 e avaliem: Elas estão de acordo com esses novos critérios?

Atividade 3

Escrevam pequenos informes que considerem interessante, como se fossem "Dicas", para outros alunos da escola aprenderem mais sobre resíduos sólidos.

- Distribuam esses papéis a todos os alunos. Não se esqueçam de pedir a eles que cuidem bem do informe e não o deixem sobre os móveis escolares, jogado no chão ou rasgado.
- O professor orientará como os textos serão feitos e distribuídos.
- Preparem um modelo desses textos. Depois, passem a limpo o que corrigiram e reescrevam para distribuí-los aos colegas.

Momento 3

No nosso dia a dia, jogamos muitas coisas na lixeira sem nem pensarmos muito a respeito do destino que elas terão. Entretanto, o que pode ser resíduo para alguns é solução para outros!

Alguns artistas se envolveram com a questão da sustentabilidade e buscaram soluções ambientalmente corretas em suas criações. Vamos conhecer um pouco mais?

Atividade 1

Muitos artistas encontram em seu próprio "lixo" fontes de inspiração e criatividade! Veja exemplos:

Sayaka Ganz. Light. s/data e sem dimensões, escultura com objetos plásticos

Sayaka Ganz

Artista japonesa que utiliza, entre outros materiais plásticos, talheres e copos de plástico para fazer esculturas.

As imagens não estão em proporção.

Luz, escultura feita com materiais reciclados, de Sayaka Ganz, 2011. 61 cm × 91,45 cm.

Rodrigo Bueno/Ateliê Mata Adentro

Rodrigo Bueno

O artista brasileiro, da cidade de São Paulo, faz intervenções no espaço plantando jardins em carcaças de carros e móveis.

Terra prometida, intervenção de plantio e pintura sobre carcaça de carro, de Rodrigo Bueno, 2013. Sem dimensões.

Jaime Prades

Artista espanhol nacionalizado brasileiro que usa madeira descartada nas ruas para produzir suas obras de arte.

Jaime Prades/MACS (Museu de Arte Contemporânea de Sorocaba)/Foto: Emerson Ferraz

Tronco e árvore cortada, escultura feita com madeira de caçambas da cidade de São Paulo, de Jaime Prades, 2010. 90 cm × 420 cm × 60 cm.

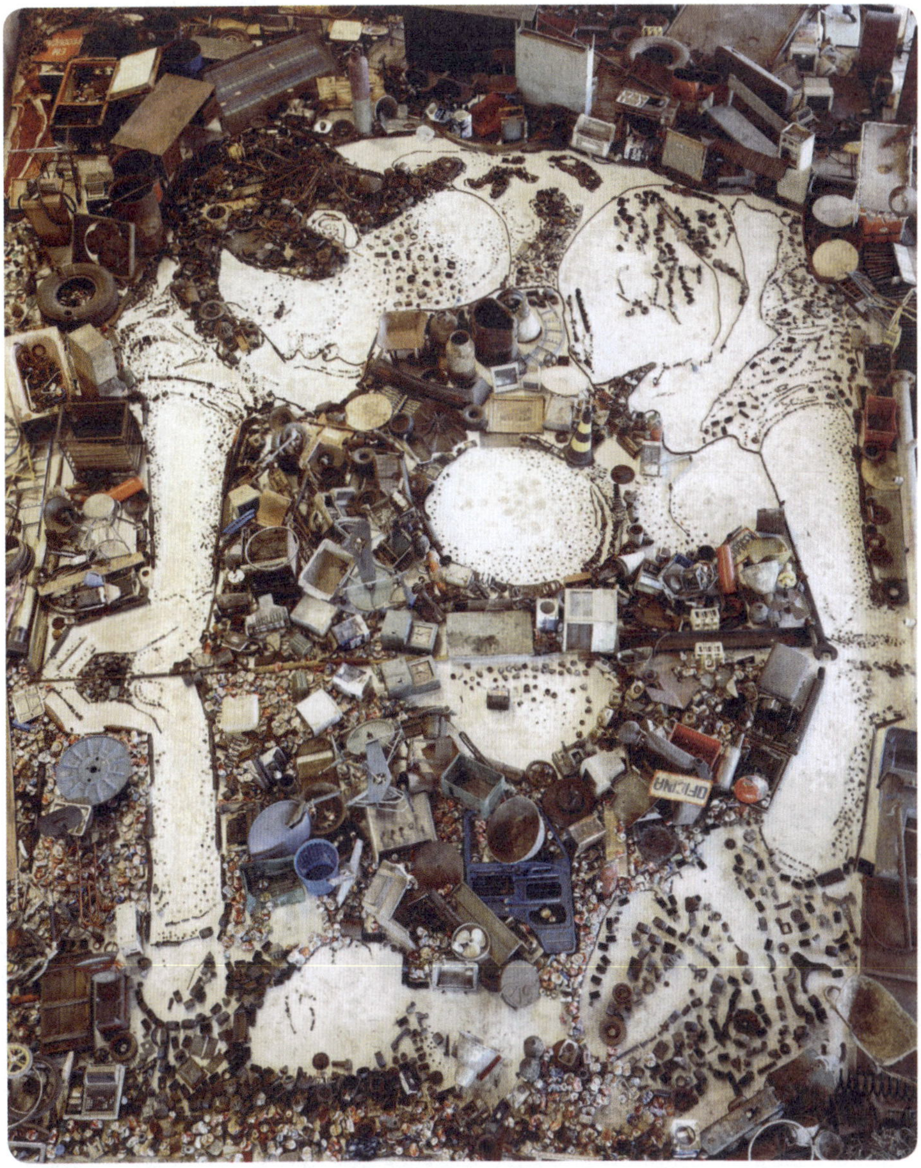

Vik Muniz. Narciso. A partir de Caravaggio Narcissus. Cópia cromogênica digital, 2005.

Vik Muniz

O artista plástico Vik Muniz participou do documentário **Lixo extraordinário!**, em que registrou seu trabalho no maior aterro sanitário da América Latina.

As imagens não estão em proporção.

Narciso, composição feita com lixo, de Vik Muniz, 2005. Sem dimensões.

Atividade 2

Que tal conhecer uma pessoa do lugar onde você mora que trabalha com o reúso de materiais descartados: um artesão local, um familiar, um amigo, um funcionário da escola? O professor ajudará a organizar os grupos, preparar o roteiro para as entrevistas e definir o entrevistado.

a) Para ajudar a organizar o que sabemos e o que queremos saber, converse com seus colegas e preencha o quadro:

O que você já sabe	O que tem vontade de saber

b) Planejem o roteiro de perguntas, lembrando-se que deve conter:

- Nome do entrevistado.
- O que ele/ela faz?
- Que matéria-prima utiliza em seu trabalho?
- Onde consegue essa matéria-prima?
- Vende suas criações? Se sim, onde?
- Quais são seus maiores desafios?
- De onde surgiu a inspiração para esse trabalho?
- No dia da entrevista, se autorizado pelo entrevistado, tire fotos ou filme partes da entrevista para depois compartilhar com seus colegas.

Momento 4

Lembra-se da pequena intervenção com textos que fizemos no Momento 2 deste projeto? Agora vamos juntar tudo o que vimos e planejar uma grande intervenção artística!

Atividade 1

As imagens abaixo são intervenções feitas pelo artista Eduardo Srur, na cidade de São Paulo. Desde 1997 suas intervenções, em diversas cidades do Brasil, chamam a atenção do público para temas ligados à preservação ambiental.

- Observe as imagens enquanto pensa no significado da expressão **intervenção urbana**.

Eduardo Srur/Foto: Patrícia Santos/Estadão Conteúdo

PETS, instalação de Eduardo Srur nas margens do rio Tietê, São Paulo (SP), 2008.

Você sabia que...

Todo o material plástico das garrafas infláveis usado na intervenção **PETS** foi transformado em centenas de mochilas desenhadas pelo artista Jum Nakao e doadas para alunos da rede pública e de ONGs?

As imagens não estão em proporção.

Eduardo Srur/Foto: Zanone Fraissat/Folhapress

Pintado, instalação de Eduardo Srur no rio Pinheiros, São Paulo (SP), 2017.

Intervenção urbana é uma manifestação artística — uma obra de arte, um objeto — que interfere diretamente nos espaços públicos. Essas intervenções são realizadas junto a um monumento, a um espaço público (uma praça, por exemplo) com a intenção de chamar a atenção, de aguçar nas pessoas que passam por ali um novo olhar acerca daquele espaço.

As intervenções podem ser pequenas, como adesivos, pinturas e até grandes instalações artísticas.

Arcaid Images/Alamy/Fotoarena

Arte urbana em estêncil, do artista britânico Banksy. Londres, Inglaterra, 2007.

Atividade 2

O artista Eduardo Srur escolheu, entre outros lugares, o rio Tietê, localizado na cidade de São Paulo e o mais poluído do Brasil, para montar sua exposição PETS.

a) Qual foi a mensagem que ele quis passar com essa intervenção urbana? Formulem suas hipóteses.

Já a imagem feita pelo artista Banksy ocupa uma parede pequena na cidade de Londres, Inglaterra.

b) O que a obra de arte quis despertar nas pessoas ocupando um espaço menor do ambiente?

Atividade 3

As imagens a seguir são intervenções urbanas de diferentes artistas. Analise as imagens e as legendas e converse com os colegas:

a) O que você sente e pensa ao analisar intervenções urbanas?

b) Na sua opinião, o que os artistas gostariam de provocar com essas intervenções?

Marlon Costa/Futura Press

Dilúvio Ma, *performance* realizada na Ponte Santa Isabel, sobre o rio Capibaribe, em Recife (PE). Os artistas estão dentro de uma rede de pesca com material que simula lixo. O grupo Ecopoética é de Porto Alegre, Rio Grande do Sul. Foto de 2017.

As imagens não estão em proporção.

David Saunders/Alamy/Fotoarena

Art is trash, intervenção do artista plástico espanhol Francisco Pájaro, em Londres, Inglaterra. O artista transforma sacolas de coleta de resíduos, deixadas na rua, em criaturas com braços, pernas, bocas e dentes. Foto de 2013.

Atividade 4

Agora chegou o momento de pensar na montagem de uma intervenção artística no espaço escolar e depois planejá-la. Para esse trabalho, o grupo deve considerar as seguintes etapas:

- O **objetivo** deve ser a conscientização da comunidade para o problema da geração de resíduos sólidos e a importância de destiná-los corretamente. Entretanto, o foco da apresentação será escolhido pelo grupo.
- O **espaço escolhido** para a intervenção precisa ter um sentido. Por se tratar de um local coletivo, a escola, antes de decidirem, conversem com o professor para saber se é permitida a utilização da área escolhida para esse fim.
- A ideia principal é **reduzir** a geração de resíduos. Cuidado para não gerarem ainda mais resíduos! Essa é uma preocupação que o grupo não pode perder de vista.
- Toda exposição tem um **prazo** para seu início e fim. Esse tempo deve ser combinado com o professor, e o grupo deve se responsabilizar por retirar a instalação, organizar e limpar o local no dia acordado.

Mãos à obra!

1. Planejamento da exposição

Use o espaço abaixo para registrar o planejamento:

- Local: ______________________________
- Público-alvo: ______________________________
- Duração: ______________________________
- Mensagem: ______________________________
- Horário da visitação: ______________________________
- Material necessário: ______________________________

2. Rascunho da montagem do espaço

3. Avaliação sobre a participação de todos no trabalho

a) Como foi a intervenção do seu grupo? Do que você mais gostou? O que mudaria?

b) As pessoas que visitaram o local compreenderam a mensagem?

c) O que vocês aprenderam durante as intervenções?

O que aprendi sobre...
ReutilizArte!

Bibliografia

ABRELPE. *Panorama dos resíduos sólidos no brasil – 2010*. Disponível em: <www.abrelpe.org.br/Panorama/panorama2010.pdf>. Acesso em: 8 dez. 2017.

AGÊNCIA MINAS GERAIS. Minas exportará modelo de inclusão de catadores de material reciclável. 11 fev. 2016. Disponível em: <http://agenciaminas.mg.gov.br/noticia/minas-exportara-modelo-de-inclusao-de-catadores-de-material-reciclavel.>. Acesso em: 8 dez. 2017.

AMARAL, Ana Carolina. *Protegendo o meio ambiente*: reciclagem e coleta seletiva. São Paulo: Hedra Educação, 2013.

BONAR, Veronica. *Reciclar*. Tradução José Carlos Lopes Sariego. São Paulo: Scipione, 1996.

BRASIL. Ministério do Meio Ambiente. *Lixo*: um grave problema do mundo moderno. Disponível em: <www.mma.gov.br/estruturas/secex_consumo/_arquivos/8%20-%20mcs_lixo.pdf>. Acesso em: 8 dez. 2017.

CANTANHEDE, Luciana. *Intervenção urbana*: a arte a favor do meio ambiente. Disponível em: <http://dosedesustentabilidade.blogspot.com.br/2013/02/intervencao-urbana-arte-sustentavel.html>. Acesso em: 8 dez. 2017.

CAPELAS, Afonso. *Por que a questão do lixo no Brasil está se tornando um desafio assustador*. 14 ago. 2014. Disponível em: <www.diariodocentrodomundo.com.br/por-que-a-questao-do-lixo-no-brasil-esta-se-tornando-um-desafio-assustador/>. Acesso em: 8 dez. 2017

CEMPRE. Radiografando a coleta seletiva no Brasil. Disponível em: <http://cempre.org.br/ciclosoft/id/8>. Acesso em: 8 dez. 2017.

CICLO VIVO. 4 trabalhos de artistas que transformaram lixo em arte. 29 jun. 2014. Disponível em: <http://ciclovivo.com.br/noticia/conheca_4_trabalhos_de_artistas_que_transformam_lixo_em_arte/>. Acesso em: 8 dez. 2017.

DEMAJOROVIC, Jacques. *Cadeia de reciclagem*: um olhar para os catadores. São Paulo: Edições Sesc SP, 2013. p. 122.

ECOLÓGICO. Como fazer compostagem em casa ou no apartamento. 28 jun. 2013. Disponível em: <www.revistaecologico.com.br/noticia.php?id=1359>. Acesso em: 8 dez. 2017.

EDUARDO SRUR. Disponível em: <www.eduardosrur.com.br>. Acesso em: 8 dez. 2017.

FILHO, Francisco Alves. *A arte que vem do lixo*. 21 jan. 2016. Disponível em: <http://istoe.com.br/121937_A+ARTE+QUE+VEM+DO+LIXO/>. Acesso em: 8 dez. 2017.

GOVERNO DO ESTADO DE SÃO PAULO. Secretaria do Meio Ambiente. *Guia pedagógico do lixo*. Coordenação Geral José Flávio de Oliveira. São Paulo: 1998.

G1 PERNAMBUCO. Açude da Zona Norte do Recife recebe ação de educação ambiental. 13 jul. 2014. Disponível em: <http://g1.globo.com/pernambuco/noticia/2014/07/acude-da-zona-norte-do-recife-recebe-acao-de-educacao-ambiental.html>. Acesso em: 8 dez. 2017.

RODRIGUES, Francisco Luiz. *Lixo*: de onde vem? Para onde vai? 2. ed. São Paulo: Moderna, 2003.

WALDEMAN, Mauricio. *Lixo*: cenários e desafios; abordagens básicas para entender resíduos sólidos. São Paulo: Cortez, 2010.